Elaine
Vilar Madruga

las
tarántulas

Elaine
Vilar Madruga

las
tarántulas

las tarántulas
Elaine Vilar Madruga

◆

Colección: Letra Bastarda, 41
Primera edición: febrero 2026
Segunda impresión: marzo 2026
Tercera impresión: mayo 2026

◆

© 2026, de los poemas, Elaine Vilar Madruga
          por mediación de MB Agencia Literaria, S.L.
© 2026, de la cubierta, Martín de Arriba
          @martindearriba
© 2026, de esta edición, Letraversal

◆

Dirección editorial: Ángelo Néstore
Diseño: Martín de Arriba
Maquetación: Letraversal
Ayuda a la edición: Noa González Sirgado

◆

ISBN: 979-13-990984-1-9
THEMA: DC DCF
Depósito legal: MA 18-2026

◆

Impreso en España por Safekat · *Printed in Spain*
Bajo el cuidado de Rubén González Domínguez

◆

◆

LETRAVERSAL
www.letraversal.com

a carlo que es el nenúfar en mi boca

hijitas

podría quejarme
de la predisposición de las frutas
para el suicidio
cuando caen a los pies del verano
podría quejarme
de los monstruos del diluvio
que viven aún
bajo las fallas y placas del océano
algo en común tienen
la propensión a la paciencia
la propensión para esperar rumiando venganzas tectónicas
contra los países que les exiliaron
podría doblarme como una alineación volcánica
porque en mi interior siempre he sido la rara
en mi interior siempre he sido
una tarántula o un monstruo
pero en verdad quién será la mujer de muy adentro
la que debí ser y me negaron
quién será la mujer de la entropía
la que une el verso con la placa tectónica
la falla con el fallo

construir un país será difícil
                entiéndase la afirmación como pregunta
será difícil la arquitectura de los demoledores
de los que alzaron muros jericós y babilonias
podría quejarme de ellos
pero mi propensión es otra
rumiar abajo
rumiar silenciosamente la hierba del fin del mundo
allí donde el huevo de la venganza se empolla
donde el animal de la venganza
rompe el cascarón con un aullido

allí
a los pies del verano
las tarántulas
          hijitas.

contracción

todo el silencio del mundo
se encuentra
en mis trompas de falopio
allí también hay vida
pero cada vez menos
cada día
mis trompas de falopio
se parecen más a este silencio
y el silencio
amaestrado y obediente
en su jaula
se confunde con un óvulo

cada mes traigo al mundo
un silencio
con ojos de sangre.

fe de vida

en el vacío soy el vacío
y me lleno de él
para sobrevivir hueca
una tela sin fondo
o un agujero de bala

soy el vacío en el vacío
y existo.

erratas

el sueño de la razón desgrana monstruos
y la verdad de la razón un sinsentido
que escala en palabras
en montes congelados de versos
donde duermen los cachorros de la oscuridad
agazapados como erratas

el sueño es el puntillazo
de la uña convertida en aguja
contraluz del ojo de la aguja
y verdad de la razón

me he sabido vieja y enferma
muriendo algún día
entre las erratas de los libros.

este es un poema bucólico

atrapamos cocuyos naturalezas muertas en botellas
un alud un laúd para la muerte
la luz etílica marcha con ramillete y velo de novia
entre las manos
para las muertas casaderas que hoy darán el sí

los cocuyos son la mejor señal de la transformación
que ocurre entre un silencio y otro
es posible embotellar un cristal en ámbar
detener un recuerdo en ámbar
morirnos en ámbar como el insecto entre las llamas
arqueado de fuego
asqueado del mar de los suicidas
en que nadamos todos
ballenas despeñadas
desgreñadas en la cuesta del terror
titilantes ballenitas
o cocuyos
criaturas muertas de la oscuridad.

rosario

cuenta a cuenta
camino
entre los dedos que ya no son dedos
sino derrumbe

la vejez de mi cuerpo
la naranja pelada del rosario
como la vejez de mis ideas

cuenta a cuenta
mis ideas pasan
entre dedos que ya no son más
que representación
de lo roto

por qué rezas por qué rezo

por el camposanto vacío de las ideas
por la vejez de las ideas
por la naranja cruel.

aire en vez de hielo

existió la mujer descuartizada deslomada desintegrada
igual a un mar (pacífico)
a la octava pata de la tarántula
tuvo perros como hijos
tuvo flores como hijas
y en ella el corazón del círculo latió
entre arritmias polirritmias metonimias del paisaje
porque el mundo es el paisaje del corazón en asistolia
que bombea aire en vez de hielo.

furia celeste

furia celeste
servida como helado
pistacho *flavor*
azuquita modo decorativo
azuquita cadavérica
que consumiremos
en banquete de carne humana
mientras las azaleas en el patio
se desloman
porque el aire no comunica furias
ni el cielo las mastica.

aquellos asuntos que hablan del corazón de la tarántula

se agotan
se enquistan
en el lóbulo de la oreja
en el lóbulo frontal del cerebro

la racionalidad de un país
y por tanto
la racionalidad de un corazón
se mide según el tamaño de la pulga
que salta
de lóbulo a lóbulo

podría decirse entonces
que un corazón
es la cosa más terrible de este mundo
la tela sin puntal
de la vía láctea
de la vía apia
porque
las tarántulas pastan
en el cielo de nuestras bocas.

el origen del mundo

era la selva un bosque de años abriéndose
como papel deshojado
en la esquina de una circunstancia
yo no sabría decir qué sangre me corre por las venas
si la sangre agujero de un país
o la de un país agujereado
pero era roja
suya y mía
despellejaba el adn que entonces
era solo una palabra conveniente
apócrifa selva dentro de los años

cerca de la alhambra
ahí estuvo ella
cuchillo sobre el filo de otro cuchillo
arrastraba sus uñas
y a cinco niños mocosos
de padres diferentes
era hermosa
como hermosa también fue mi infancia
y amaba a sus hijos
como luego me amaron a mí

yo no sabría decir qué sangre me corre por las venas
allí solo existe un agujero de sentido
pero en las tierras de la alhambra
quién iba a cuestionarle a la mujer cuál es el concepto
de perdurabilidad o trascendencia
dime tú cuál es el concepto si lo sabes
dime tú cómo explicarle
la belleza de la historia
cómo decirle que de esos cinco hijos
solo uno llegaría hasta esta tierra

con cuchillos en los dientes
dime tú cómo puedo anunciarle
que la poesía es más grande
que el propio templo de sus palabras

yo no sé cuál fue mi sangre
quién fue mi agujero
hablar de poesía
es redundante en estos tiempos
como lo fue en los suyos
en esas tierras de la alhambra
donde la mujer arrastró sus ojos
por el desfiladero de la existencia.

felicidad

esplenden los puntos cosidos en la garganta
la belleza de ser un fragmento
un adoquín un cebo de tela
si unes los puntos aparecerá la figura
y la belleza de ser nada
apenas confrontación o antípoda
del concepto *todo*

te coses papeles a las amígdalas
como si fuesen lirios metamorfos
o un jardín de azaleas
en su descomposición más cotidiana
es verdad que una isla y una tarántula
tienen mucho en común
el ojo no alcanza a mecer el lirio
el lirio no alcanza a mecer el tiempo
el tiempo se cuenta las patas de isla

es así como nace la belleza y el dolor
lo que definimos como el dolor y la belleza.

el crematorio de la belleza

el país en cruz
es una urna con las cenizas
a bordo
una hibridación de restos
donde el metatarso propio
se confunde con la fíbula ajena

en la urna que es el país
estamos muertos y dormimos apretados
claustrofóbicos basureros
hechos de carne y sangre
pero es cierto
que la basura puede hablar
incluso cantar arias en la noche bocarriba
incluso cantar arias en el ánfora de la incineración
donde
una mujer
escribe a martillazos
sobre huesos reducidos a hombres.

aria

nadie duerme
excepto la ciudad deslomada
bostezante
gong nocturno
en la estrella en la estela en la tela del insomnio

la mujer que mañana despertará ojerosa
fregará el látigo contra la piedra
la ropa sucia contra la piedra
la cabeza contra la piedra
mientras la ciudad imperial esplende aceitada

el aria es realmente impresionante
canta la mujer cara de caballo
cuando amanezca limpiará con un palito
los rastros de mierda de la ciudad imperial
que se han incrustado a la tela
solo así la ropa gris
otrora blanca de los menesterosos
se transmutará en la noche bocarriba
panziabierta y mosqueada

en el silencio de la ciudad
ella golpea
la cabeza contra la piedra
su dolor contra la piedra
la belleza contra la piedra

nessun dorma.

burbuja

la ciudad muda abre la boca y canta
sobre el aserrín de algún dios
en su pecera
sobre el dios *goldfish* que mira
el gran pecado del mundo
detrás
de una burbuja de oxígeno.

motosierra

el mundo
se sostiene
entre los cuatro huecos de un botón

la mano de dios no tiene dedos
es un botón sin hilo
deforme y arquetípico

dios es la estática milagrosa
carbón negro
y motosierra.

made in

en el ámbar de la memoria
vamos todos muriendo a la par

mosquitas atrapadas
que se sofocan
en la resina amarilla

quién dice que un país
no es
también
a su manera
el ámbar de los cobardes.

murakami *mon amour*

el escorzo del pájaro invernal en tu garganta
la hoja del árbol en el silo se asesina
ir al paredón de fusilamiento es hecho simple
falta la bala el torso
falta el pájaro invernal
el agujero de unos pocos centímetros

orificio de entrada
                    a quemarropa
restos de tinta restos de pólvora
espolvoreados en el pico

orificio de salida
                    a dos dedos de la yugular
como la flor en el jardín de los héroes
en el pabellón de los muertos
entre grifos y gritos de la ciudad lavandería
murakami *mon amour*.

je suis la hija bastarda de salvador dalí

un licuado de relojes
tictac
es más que la memoria del tiempo
así que
      abajo
          abajo
              abajo
hasta llegar a cualquier sitio
excepto a la circularidad de una isla que se repite
periplaneta americana

la mujer que amó a mi padre no era
la reliquia de otro mundo dadaísta o surrealista
porque toda mujer es un reloj
tictac
que se cuela a deshora
que destila petróleo
oro negro
el óleo de la tumefacción

padre nuestro que estás en cada minutero
hasta dónde y hasta cuándo esta soledad
hasta dónde y hasta cuándo esta isla
periplaneta americana que se viste
con las prendas de un abuelo muerto
hasta dónde y hasta cuándo
la memoria será el pretexto para la desmemoria
porque borrar es un gesto imperecedero
borrar nos sobrevive

es solo requisito indispensable que la memoria viaje
hasta el centro de la tierra
hasta ese *dónde* hasta ese *cuándo*

hasta ese preciso lugar donde la cúpula del mundo
se escinde
tictac
porque de la escisión nacerá algo con sabor a paciencia
así que
       abajo
            abajo
                abajo
hasta llegar al tuétano

en el diario del arte
una página en blanco no es otra cosa
que un reloj en pausa
tic
una página en blanco es un reloj
tac
que agoniza.

bukake

dentro del cactus
de la flor veraniega con patas de araña
dentro de la pizca de sal
del átomo que la compone
dentro de la cúpula de dios
de la puerta de la metamorfosis
o los goznes del cielo florentino
dentro de la cuerda tensa en la garganta
dentro del si bemol sonido diabólico dialéctico
dentro del libro
en la página en blanco
como la tinta viuda.

apnea

chilla la tarántula en su espacio
pide aire en la cárcel del aire

mi cabeza rota
es ramillete y nomeolvides
y el aire en la cárcel del aire
se hace estrecho
un túnel
un pabellón de mujeres
que escriben
en las casas de la locura

gritan
las putas las hacedoras de versos
como adoquines
con la lengua dividida en dos.

desolación

la tarántula se descorteza se escribe
se cuenta las patas
mientras en el interior del agujero
un palito de niño intenta escarbar

no llega al fondo de la grandilocuencia
no hay niño que alcance a una tarántula
cuando esta se esconde en un palacio
como el de las reinas de cualquier siglo
antes o después de la cristiandad

solo algo que se pueda nombrar a sí mismo
es algo vivo

en el interior del agujero
una tarántula se convierte en la palabra
mientras el palito del niño hurga y aburre
y retuerce la desolación.

anestesia

la poesía nada me ofrece
salvo el silencio

en el cielo de la boca
en la estría de la boca
nada me quita o me suma.

los desechos

duele el aire a quemarropa
duele el aire en la burbuja del chicle
choca diente contra diente
se rompe el círculo de un mundo posible
duele cuando el mundo posible
se transmuta en una mandíbula de buey
arrojada a la calle
señal de que algo
va cubriéndose de niebla

sobre un cajón de muerto convertido en casa
duerme el hombre desechado
he aquí que todos somos formas particulares de desechos
formas de aire dentro de la burbuja de un chicle
ya sabemos cómo termina la fábula
el diente se aburre
y lanza la goma rosa contra el quicio de la acera
para que la motosierra de la historia la troce en pedacitos
o el buey muerto resucite
en la oscuridad de los metales.

sarna

nos cundimos
de la sarna de las palabras

hay ardor en las palabras suaves
hay prurito incontrolable en las palabras duras
las definiciones dejan ronchas
escamitas de pez negro
círculos y diamantes de escoriación

las palabras no se matan a palazos
ellas te matan a ti
uña contra la pituitaria
uña contra el esqueleto frontal
contra el esófago o contra el bazo
uña contra la lengua.

la fábrica de las ideas

hoy
escupo poemas
como el crisantemo
en su tumefacción

el pájaro mastica
la idea de la no existencia
en la pompa de muerte
que es un verso

hoy
escupo poemas
los embuto en el ojal
de la aguja negra
en la gruta del silencio
para ver si crece
alguna flor
porque un camello no entra en el cielo
ni un rico en las costuras del silencio
y una poeta
jamás
por el hueco de una aguja.

amnesia

la tierra que piso
no es más que la uña rota
del día de ayer
una tarántula dormida en su agujero
que escarba
desde el fondo hasta la recomposición

cómo balancear el tictac de la biología
cuando esa tarántula despierta
y se engarrota
en la vela ensangrentada del país

la sinfonía de las lamentaciones
es el mejor nido de la tarántula
que vive al margen de los espejos
mientras se cuenta las patas
hasta llegar a un millar y reproducirse

qué es el mundo acaso
qué es
sino la resta la suma
de un abuelo sobre el otro
de una madre sobre otra madre
de la posibilidad en el filo de la imposibilidad

no ha crecido el espacio en sí mismo
ni el agujero en su centro
pero la tarántula estuvo allí
en el tictac de la biología
y no era ese el cuadro de goya
no era el bombardeo de una ciudad
ni siquiera alguien muriéndose de joven
muriéndose de tanta belleza

ni la familia sagrada
ni la arquitectura sagrada
las calles de la memoria que aprendí

pero
qué es acaso
el cuadro del mundo

qué es el mundo.

cosas que crecen cuando nadie las ve

crece un nenúfar
sostenido entre la tierra y el agua
como asco líquido

hace años
en hiroshima
el río hirvió
la gente fue rompiéndose en átomos
y esos átomos se hicieron
un caldo de aullidos

quedaron manchas sombras
el moho de lo que alguna vez
fue un pájaro
la calcinación del nenúfar
negro sobre negro

hace años
también
en guernica
la arquitecta de la muerte
plantó su rama
y del árbol nacido allí
crecieron frutos
cabezas sin boca
la metralla de lo que alguna vez
fue un pájaro
y la mosca negra en su nenúfar.

las primeras palabras

las primeras palabras de un niño marcan su destino
las primeras palabras son las primeras bofetadas
que le damos a este mundo de mierda
a esta realidad de mierda que nos destrona
y nos obliga a convertirnos en ánforas de sílabas
unidas a otras sílabas

para conformar la idea *aire*
se mezclarán los sonidos
hasta generar una pompa
que alguien podrá reventar
con una aguja

la destrucción
tendrá siempre el privilegio
de ser la primera palabra del mundo.

limbo

un cristal roto contra el limbo de mi boca
es la experiencia estética
que sublima al miedo

la experiencia estética
resume el concepto *miedo*
como temblor de las arterias
como temblor de lo rojo
agolpándose en la arteria empalagosa
hasta que la sangre
se hace agua

resumamos también el concepto *sangre*

dígase la forma de un insecto
como el de kaftka pero hembra
un insecto hembra de ojos puntiagudos
como tetas dulcísimas tetas nomeolvides
tetas lirios en el agua venenosa del estanque

definamos también el concepto *hembra*
una hembra de ocho patas
es la oscuridad velluda
una mancha en la impureza del cristal
o del país

hay una arteria en el limbo de mi boca
que podría definirse también

arteria es la palabra
que nunca se dirá a gritos
porque un silencio descabezado
es un silencio inteligente

sin útero ni ovarios
sin trompas de falopio
como país con la garganta tupida
o anudada

para definir el *silencio*
no usaremos palabras.

los pistones

al principio de todo
me preocupaban las palabras
el tejido que se escurría
sílaba a sílaba
en sus descomposiciones

luego las palabras
dejaron de interesarme
y el fonema se hizo barro
y los signos una escara
y las terminaciones nerviosas
de los versos
consonantes o asonantes
se enquistaron todas

después
las palabras
ya libres de mí
fueron rotándose y torciéndose
el tejido de las sílabas
se convirtió en pistón
que bombeaba
aire
y más aire
y después silencio
aquellos pistones no podían
generar otro sonido
que el del propio sonido en su desaparición

al final de todo
las palabras
no eran criogenia
sino el jardín heroico de los pistones

que rogaban bombear aire
aun cuando sabían
que ese aire
estaba roto.

lirio y litio

en la casa vacía
se sofoca el suicidio dentro del horno
y también la cabeza de una mujer
que escupe poemas
fragmentos de la nieve oscura
o de la arena negra
del país de nunca jamás

la tos silenciosa
el iris de la tos
habla por la boca del otro
mira por los ojos del otro
las tarántulas de esta casa vacía
buscan un pozo donde ahogarse
o un horno para cocinar
las ideas de los hijos

los niños duermen
nadie escucha
en el vacío la muerte es suficiente
como si al final
se hubiera cerrado el círculo
justo ahí
entre las cenizas del poema
donde la arena negra se tuesta
y los esteros de lo oscuro
panziabiertos te miran.

una historia general de las mujeres poetas

encuentro cierta redondez en los números
que se alzan
e intermitentes repican su conciencia
en el fulgor del mar de las suicidas

hay similitudes entre el cuerpo de la tarántula
y mi mano cuando escribe
con los dedos garrote
con los dedos aferrados a la cuerda de una idea
con los dedos suicidándose en palabras
como las poetas de antaño
que iban al paso de la nada
cuando nadie más veía

he aquí
la tinta sobre la página hecha borrones
del libro de los vivos
que ciframos todas entre cercos
con los dedos garrote
con los dedos aferrados a la cuerda de una idea
con los dedos suicidándose en palabras
nosotras
las tarántulas sin boca
las escribas
las pequeñas desoladas.

poética de la masticación

un punto fracturado en el espacio
cambia de forma
y se hace
una coma fracturada en el espacio
a la espera de un artilugio de la poesía
de una palabra cadavérica
ya en *rigor mortis*
pétrea como la primera roca del templo

todo aquello que cambia
que se arrastra o muere
es una palabra chicle
de esas que sirven
para masticar
escupir
o ahogarse.

sufragio

por naturaleza estoy
atada a la garganta de una espina
mientras digo lo que digo
las sílabas también son naturaleza
yerba mala que crece y crece
hasta el tuétano

quién lo duda
las ideas son naturaleza
asteroide que entra a la superficie
como dedo removiendo mugre
porque las ideas
escarban la suciedad que nos contiene
la suciedad de lo impoluto
lo blanco falsamente gris
lo gris falsamente negro
lo negro falsamente idea
allí donde las uñas
recogen la mugre de las bocas cada día

esas son las ideas
que chillan
que mugen
que pastan.

la mujer de vitruvio

entre las moscas
como si no fuera mujer
sino métrica o disolución
o un agujero negro transformado
en agujero más negro aún

entre las moscas
como un corazón caníbal
que probara la dimensión
de la cuerda sobre el árbol
a ver si este es el orden
la composición precisa
de la mujer de vitruvio

entre las moscas
abrigada por una isla
del tamaño de una ciudad
y una ciudad que navega
sobre el lomo de una tortuga
o de cualquier otra especie
de animal mítico

entre las moscas
como el átomo que inició revoluciones
y detonó revoluciones
y finalmente vació esa palabra de sentido

entre las moscas
porque solo ellas entienden
el agujero negro
porque solo ellas ven
la descomposición de lo oscuro.

porno

ocurre
cuando un cuerpo rechina sobre la pecera de otro cuerpo
y luego los dos peces se contemplan las escamas
y un poco después empiezan a comer de la escama ajena
sin entender que ya está muerta
que todo bojeo a la ciudad que llamamos cuerpo
no es más que un espectáculo
en escala de gris.

Néctar

Tal parece como si en vez de palabras
me saliera agua por la boca
con ella hago equilibrios malabares trucos
y soy la tarántula con el mundo a cuestas
con el río con el mar
encima

Ya no sé qué es mi cuerpo
Ya no sé si tengo un cuerpo
pero tus nenúfares en mi lengua
gotean
hacia adentro.

zona de confort

entre ramilletes de alcohol y de parálisis
entre las gasas del vestido de novia
he descubierto el sentido del todo

dibujo un gorro frigio
en el escudo de la madre patria
ese escudo plagado de mosquitos
aedes y aedos
que cantan versos al zumbar

este país es la caverna de las ideas
en el fondo está el fuego y quienes lo contemplan
en la pared el dibujo de una realidad
que solo se apreciará
interpretativamente
atrás se encuentra la silueta que el fuego difumina
la silueta que bien podría ser el vestido de novia
de mi bisabuela
aquel que se usó en la república
del mil novecientos y uno
en el año de dios y de la peste
en el año del olvido de los reconcentrados

la cronología ya no importa
porque el fuego de memorias nada sabe
excepto
que la memoria es un agujero
sin fondo ni sonido
un resplandor cavernario.

las tarántulas

autorretrato pintado al óleo
con la sonrisa torcida a lo *giocondás style*
en un país demasiado grande
lleno de instrumentos quirúrgicos
de tortura o salvación

a la velocidad en que se desplaza el tiempo
por las cuerdas por el agujero
entre los pies del agujero sonriente
a lo *giocondás style*
se agota la cancioncita triste del nenúfar
sembrado en mi garganta

he aquí que mi autorretrato es
una tarántula sin ojos
que extiende las patas
para sentir cómo pasa el mundo por debajo
cómo pesa el mundo
cuando las palabras ya no alcanzan.

El libro *las tarántulas* se terminó de imprimir por encargo de Letraversal el 9 de enero de 2026. Ese mismo día de 287 a. C. Pirro de Epiro, siendo rey de Macedonia, llevó desde Taranto al campo de batalla esta araña como guerra biológica contra los romanos. Desde entonces se la conoce como tarántula y, tras su picadura, genera una especie de movimiento convulso que después dio nombre al baile típico italiano llamado *tarantela*. El hambre que desarrolla el animal hembra genera entre las sedas su mortal apareamiento.

◆◆◆